Isabella Frühauf

Die Abenteuer der Traumland-Bande

Ein Vorlesebuch mit liebevollen Gute Nacht Geschichten

Luminare
Verlag

Vorwort

Liebe Leserinnen und Leser,

Willkommen im Traumland, einem Ort der Magie und der unendlichen Möglichkeiten. Diese Sammlung von Gute-Nacht-Geschichten entführt euch in eine Welt, in der Freundschaft, Abenteuer und die Kraft der Fantasie im Mittelpunkt stehen.

Die Traumland-Bande, eine liebenswerte Gruppe tierischer Freunde, begleitet euch durch Nächte voller Sternenlicht und lehrt euch dabei, wie wichtig Zusammenhalt, Mut und Kreativität sind. Jede Geschichte ist ein kleines Abenteuer für sich, das euch zum Lachen, Nachdenken und Träumen anregen wird. Lasst uns gemeinsam in diese wundervollen Geschichten eintauchen und die Freude am Lesen und Träumen teilen. Viel Spaß im Traumland!

Inhaltsverzeichnis

Die Ankunft im Traumland

In einer gemütlichen Nacht, tief im Land der Träume, begann ein neues Abenteuer. Die Traumland-Bande, eine fröhliche Gruppe von Tieren, bereitete sich auf ihre erste gemeinsame Reise vor.

Nussbert, das mutige Eichhörnchen, schaute sich neugierig um. „Wo sind wir genau?", fragte er. Silviana, das schlaue Eulenmädchen, antwortete lächelnd: „Im Traumland, dem Ort, wo alle Träume wahr werden!"

Sprungo, der fröhliche Frosch, hüpfte vor Aufregung. „Ich kann es kaum erwarten, alles zu erkunden!" Samtia, das sanfte Schaf, nickte zustimmend, während Flinka, die zauberhafte Füchsin, magische Funken aus ihren Pfoten sprühen ließ.

Doch plötzlich bemerkten sie, dass Sprungos Lieblingsliedbuch fehlte. „Oh nein, mein Buch! Wie soll ich jetzt die Lieder singen?", rief Sprungo traurig. Die Freunde dachten nach und beschlossen, gemeinsam nach dem Buch zu suchen.

Sie durchstreiften das funkelnde Traumland, vorbei an schillernden Flüssen und singenden Bäumen. Jedes Tier nutzte seine einzigartigen Fähigkeiten: Nussbert grub Tunnel, Silviana flog hoch in den Himmel, Samtia sprach mit den Wolken, und Flinka zauberte Lichtspuren.

Endlich fand Nussbert das Buch unter einem regenbogenfarbenen Strauch. „Hier ist es, Sprungo!", rief er erfreut. Sprungo strahlte vor Glück und die Bande feierte mit einem fröhlichen Lied, das durch das ganze Traumland hallte.

In dieser Nacht lernten die Freunde, dass sie zusammen jedes Problem lösen konnten. Und mit Sprungos Liedern schliefen Kinder überall sanft und friedlich ein.

Von da an wussten sie: Im Traumland warteten noch viele Abenteuer auf sie, aber solange sie zusammenhielten, gab es nichts zu befürchten.

Der Mondlichttanz

In einer klaren Nacht, als der Mond hoch am Himmel stand, planten die Freunde der Traumland-Bande einen besonderen Mondlichttanz. „Es wird zauberhaft", sagte Silviana, das Eulenmädchen, während sie glitzernde Sterne betrachtete.

Sie begannen, eine Tanzfläche unter den Sternen zu schmücken. Nussbert, das Eichhörnchen, brachte leuchtende Kristalle, Samtia, das Schaf, flocht Blumenketten, und Sprungo, der Frosch, übte fröhliche Tanzschritte.

Doch als sie anfingen zu tanzen, bemerkten sie, dass Flinka, die Füchsin, traurig in einer Ecke stand. „Was ist los, Flinka?", fragte Samtia besorgt. „Ich kann nicht tanzen", gestand Flinka mit einem Seufzer. „Meine Hufe sind zu ungeschickt."

Die Freunde lächelten und umringten Flinka. „Keine Sorge, wir helfen dir", sagten sie. Silviana zeigte Flinka, wie man sich im Rhythmus der Musik bewegt. Nussbert und Samtia tanzten neben ihr, um ihr Mut zu machen. Sprungo sang ein Lied, das alle fröhlich stimmte.

Bald begann Flinka, sich zur Musik zu wiegen, und zu ihrer Überraschung fand sie den Rhythmus. „Ich kann es! Ich tanze!", rief sie glücklich. Die Bande klatschte und tanzte weiter, während der Mond ihnen zulächelte.

Der Mondlichttanz wurde zu einer Nacht voller Lachen und Freude. Sie tanzten bis die Sterne am Himmel verblichen, und Flinka fühlte sich dank ihrer Freunde wie die beste Tänzerin im ganzen Traumland.

Als die Sonne aufging, wussten alle, dass ihre Freundschaft und ihr Zusammenhalt sie durch jede Herausforderung führen würden. Mit einem Lächeln schliefen sie ein, bereit für das nächste Abenteuer im Traumland.

Das Rätsel des schlafenden Sees

Eines Nachts, als der Himmel voller funkelnder Sterne war, entdeckte die Traumland-Bande einen geheimnisvollen See, den sie noch nie zuvor gesehen hatten. „Der Schlafende See", flüsterte Silviana, das Eulenmädchen. „Es heißt, er birgt ein Geheimnis."

Die Freunde waren neugierig. Doch als sie näher kamen, bemerkten sie, dass der See vollkommen still und ohne jegliches Leben war. „Warum ist der See so still?", fragte Sprungo, der Frosch.

Nussbert, das Eichhörnchen, fand bald die Antwort. Er entdeckte eine kleine, verzauberte Muschel am Ufer, die traurig aussah. „Sie ist der Schlüssel", sagte er. „Wir müssen ihr helfen, ihre Melodie wiederzufinden."

Sie versuchten alles Mögliche, um die Muschel glücklich zu machen. Samtia, das Schaf, erzählte lustige Geschichten, und Flinka, die Füchsin, zauberte bunte Lichter. Doch nichts schien zu helfen.

Dann hatte Silviana eine Idee. „Lasst uns ihr ein Lied singen." Zusammen sangen sie ein sanftes Wiegenlied, und plötzlich begann die Muschel zu leuchten und spielte eine wunderschöne Melodie.

Das Wasser des Sees begann zu glitzern und zu sprudeln, und bald schwammen fröhliche Fische darin. „Ihr habt den Schlafenden See wieder zum Leben erweckt!", rief Sprungo begeistert.

Die Bande tanzte und lachte am Ufer des nun lebendigen Sees. Sie hatten gelernt, dass gemeinsames Singen und Freude das Herz erwärmen und Wunder bewirken können.

Als die Sonne aufging, schlummerten sie ein, glücklich über ihr nächtliches Abenteuer und die Freundschaft, die sie stärker machte.

Die Sternschnuppenjäger

In einer Nacht, als der Himmel mit Sternen übersät war, plante die Traumland-Bande, Sternschnuppen zu beobachten. „Vielleicht sehen wir sogar eine Sternschnuppe fallen!", sagte Silviana, das Eulenmädchen, aufgeregt.

Sie legten sich auf eine Wiese und blickten nach oben. Doch trotz ihrer Geduld zeigte sich keine einzige Sternschnuppe. Sprungo, der Frosch, wurde ungeduldig: „Wo bleiben sie nur?"

Da hatte Nussbert, das Eichhörnchen, eine Idee. „Vielleicht können wir sie besser sehen, wenn wir höher hinaufklettern!" Sie machten sich auf den Weg zu einem nahen Hügel.

Als sie den Gipfel erreichten, erschien plötzlich eine Sternschnuppe am Himmel. „Schnell, wünscht euch etwas!", rief Samtia, das Schaf. Sie alle schlossen die Augen und wünschten sich etwas.

Dann passierte etwas Unglaubliches: Mehr und mehr Sternschnuppen zierten den Himmel, eine schöner als die andere. Die Bande war sprachlos vor Staunen. Jedes Tier fühlte sich verzaubert von diesem Anblick.

Flinka, die Füchsin, lachte. „Unsere Wünsche haben den Himmel zum Leuchten gebracht!" Sie spielten und tollten auf dem Hügel herum, glücklich über das wunderschöne Schauspiel.

Diese Nacht wurde zu einer ihrer schönsten Erinnerungen. Sie lernten, dass Geduld und ein wenig Anstrengung oft zu den schönsten Ergebnissen führen. Mit einem Gefühl der Zufriedenheit schlummerten sie ein, die Bilder der tanzenden Sternschnuppen noch vor Augen.

Das Geheimnis der Traumblumen

In einer Nacht voller Sternenglanz erfuhr die Traumland-Bande von einem geheimen Garten, in dem magische Traumblumen wuchsen. Jede Blume im Garten trug eine einzigartige Geschichte in sich. „Stellt euch vor, wie wunderbar es sein muss, ihre Geschichten zu hören", sagte Silviana, das Eulenmädchen, mit glänzenden Augen.

Voller Vorfreude machten sie sich auf den Weg. Der Garten war ein Traum, ein Kaleidoskop aus Farben und Düften. Jede Blume schien heller als die andere. Aber tief im Herzen des Gartens entdeckten sie eine blassblaue Blume, die traurig und welk aussah.

„Sie braucht unsere Hilfe", sagte Samtia, das Schaf, mitfühlend. Die Freunde sammelten sich um die Blume. Nussbert, das Eichhörnchen, grub vorsichtig um ihre Wurzeln, um ihr mehr Platz zu geben. Sprungo, der Frosch, hüpfte geschwind zu einem nahen Bach, um frisches Wasser zu holen. Flinka, die Füchsin, streute behutsam etwas von ihrem magischen Staub über die Blütenblätter.

Langsam, unter ihrer liebevollen Pflege, begann die Blume wieder zu strahlen. Sie entfaltete sich und enthüllte eine leuchtende Farbe, die den ganzen Garten erhellte. Mit ihrem Erblühen begann sie, ihre Geschichte zu erzählen – eine herzerwärmende Geschichte von Freundschaft, Fürsorge und Erneuerung.

Die Bande lauschte gebannt. Jede Blume, die sie berührten, erzählte eine eigene Geschichte, Geschichten von Abenteuern, geheimen Wünschen und weit entfernten Ländern. Sie verbrachten die ganze Nacht damit, von Blume zu Blume zu wandern, berauscht von den Erzählungen und Düften.

Als die ersten Strahlen der Morgensonne den Garten berührten, fühlten sie sich bereichert durch die Weisheiten der Blumen. Sie hatten gelernt, dass Fürsorge und Aufmerksamkeit Wunder bewirken können. Mit einem Gefühl der Verbundenheit und des Stolzes schlummerten sie ein, träumend von den unzähligen Geschichten, die noch im Traumland auf sie warteten.

Die Nacht der fliegenden Teppiche

In einer funkelnden Nacht beschloss die Traumland-Bande, an einem Wettfliegen auf magischen Teppichen teilzunehmen. „Stellt euch nur vor, wie es sein wird, durch die Sterne zu fliegen!", rief Sprungo, der Frosch, aufgeregt.

Sie fanden bunte Teppiche, die in der Luft schwebten, bereit zum Abflug. Jeder wählte einen aus, aber Nussbert, das Eichhörnchen, zögerte. „Ich bin noch nie geflogen", gestand er nervös.

„Keine Sorge, Nussbert, wir helfen dir!", sagte Silviana, das Eulenmädchen, beruhigend. Sie zeigte ihm, wie man den Teppich steuert. Bald fühlte sich Nussbert sicherer und seine Angst verwandelte sich in Aufregung.

Das Rennen begann und die Teppiche schossen in den Nachthimmel. Sie flogen über glitzernde Wolken und funkelnde Sterne. Sprungo machte Loopings, Samtia schwebte sanft, und Flinka jagte Sternschnuppen hinterher.

Nussbert, der anfangs zögerlich war, fand bald seine eigene Art zu fliegen. Er genoss die kühle Nachtluft und das Gefühl der Freiheit. „Ich kann fliegen!", rief er begeistert.

Das Rennen endete mit einem fröhlichen Lachen und Applaus. Sie landeten wieder auf der Erde, und jeder erzählte von seinem aufregenden Flug.

Diese Nacht zeigte der Bande, dass Mut und Freundschaft sie dazu bringen können, ihre Ängste zu überwinden und neue Höhen zu erreichen. Mit einem Gefühl des Triumphs und der Einigkeit schliefen sie ein, träumend von ihren nächsten Abenteuern im Traumland.

Das Echo im Traumwald

Eines Nachts führte ein geheimnisvoller Pfad die Traumland-Bande in einen dichten Wald, bekannt als der Traumwald. „Hört ihr das?", fragte Silviana, das Eulenmädchen, als ein sanftes Echo durch die Bäume hallte.

Die Freunde beschlossen, dem Echo zu folgen. Doch als sie tiefer in den Wald vordrangen, verloren sie die Richtung. „Alles sieht gleich aus", murmelte Sprungo, der Frosch, besorgt.

Nussbert, das Eichhörnchen, hatte eine Idee. „Lasst uns Markierungen machen, damit wir unseren Weg zurückfinden." Sie begannen, mit kleinen Steinen und Zweigen einen Pfad zu markieren.

Als sie dem Echo weiter folgten, entdeckten sie eine verborgene Lichtung, wo das Echo lauter wurde. Sie sahen eine kleine Echokammer, von der die Töne kamen.

„Wir haben das Geheimnis des Traumwaldes gelüftet!", rief Samtia, das Schaf, erfreut. Sie spielten eine Weile mit dem Echo, riefen ihre Namen und lachten über die lustigen Antworten.

Mit Hilfe ihrer Markierungen fanden sie problemlos den Weg zurück. Diese Erfahrung lehrte sie, wie wichtig es ist, vorauszudenken und zusammenzuarbeiten.

Zurück in ihren Betten, träumten sie von dem geheimnisvollen Echo des Traumwaldes, bereit für neue Abenteuer in kommenden Nächten.

Der Traumfänger-Wettbewerb

In der Traumland-Bande herrschte große Aufregung, als der alljährliche Traumfänger-Wettbewerb angekündigt wurde. „Wir können alle unsere Kreativität zeigen!", rief Sprungo, der Frosch.

Jedes Tier begann, seinen eigenen Traumfänger zu basteln. Silviana verwendete Federn und Perlen, Nussbert sammelte glänzende Steine, und Samtia webte mit buntem Garn.

Aber Flinka, die Füchsin, war verzweifelt. „Ich kann mich nicht entscheiden, wie meiner aussehen soll", seufzte sie. Die Freunde kamen zusammen, um ihr zu helfen. Sie teilten ihre Materialien und Ideen mit Flinka.

Mit der Unterstützung ihrer Freunde schuf Flinka einen wunderschönen Traumfänger, der leuchtete und funkelte. Jeder Traumfänger war einzigartig und spiegelte die Persönlichkeit seines Schöpfers wider.

Beim Wettbewerb wurden alle Traumfänger präsentiert und bewundert. Die Bande erkannte, dass es nicht darum ging, zu gewinnen, sondern darum, gemeinsam Spaß zu haben und sich gegenseitig zu inspirieren.

Mit einem Gefühl des Stolzes und der Gemeinschaft schliefen sie ein, umgeben von ihren traumhaften Kreationen.

Die verschwundene Melodie

Eines Abends bemerkte Silviana, das Eulenmädchen, dass etwas fehlte. „Die Melodie unseres Schlafliedes ist verschwunden!", sagte sie. Das Lied half den Kindern der Welt, sanft einzuschlafen, und ohne es war die Nacht weniger ruhig.

Die Traumland-Bande machte sich auf die Suche. Sie fragten die Sterne, lauschten dem Wind und suchten in den Wolkenschlössern, aber die Melodie war nirgends zu finden.

Nussbert, das Eichhörnchen, hatte eine Idee. „Vielleicht können wir die Melodie selbst wiedererschaffen", schlug er vor. Sie setzten sich zusammen und erinnerten sich an die Töne des Liedes.

Jedes Tier trug etwas bei: Sprungo summte eine Melodie, Samtia klopfte sanft den Rhythmus, und Flinka fügte zauberhafte Klänge hinzu. Bald formte sich das Lied wieder, sanft und beruhigend.

Als sie das Lied spielten, füllte es die Nacht mit Frieden und Ruhe. Kinder überall schliefen sanft ein, umgeben von der neu geschaffenen Melodie.

Die Traumland-Bande lernte, dass gemeinsame Anstrengungen und Kreativität jedes Problem lösen können. Mit stolzen Herzen schliefen sie ein, wissend, dass sie die Nacht für viele Kinder friedlicher gemacht hatten.

Die verzauberte Pyjama-Party

In einer Nacht voller Sternenglitzern planten die Freunde der Traumland-Bande eine verzauberte Pyjama-Party. „Es wird die beste Übernachtungsparty aller Zeiten!", rief Sprungo, der Frosch, begeistert.

Sie bauten ein großes Zelt aus funkelnden Sternentüchern und dekorierten es mit leuchtenden Kristallen. Jedes Tier brachte etwas Besonderes mit: Nussbert hatte leckere Snacks, Samtia kuschelige Kissen, und Flinka zauberte eine bunte Lichtershow.

Doch als sie sich zum Schlafen legen wollten, bemerkten sie, dass Silviana, das Eulenmädchen, nicht da war. „Wo ist Silviana?", fragten sie sich besorgt. Sie suchten überall, aber Silviana war nirgends zu finden.

Plötzlich hörten sie eine sanfte Stimme von oben. Sie blickten nach oben und sahen Silviana auf einem Baum sitzen. „Ich wollte nur sicherstellen, dass der Himmel klar bleibt für unsere Party", erklärte sie.

Erleichtert und froh, wieder beisammen zu sein, verbrachten sie eine wundervolle Nacht mit Spielen, Lachen und magischen Geschichten. Als der Morgen kam, waren sie dankbar für die Freundschaft, die jede Nacht zu einem besonderen Erlebnis machte.

24

Das Flüstern der Nachtwinde

In einer mondlosen Nacht hörte die Traumland-Bande das geheimnisvolle Flüstern der Nachtwinde. „Es klingt wie eine verborgene Botschaft", sagte Silviana, das Eulenmädchen, nachdenklich.

Sie beschlossen, das Geheimnis zu erforschen. Als sie dem Flüstern folgten, bemerkten sie, dass der Wind immer leiser wurde. „Ohne den Wind können wir die Botschaft nicht hören", sagte Sprungo, der Frosch, besorgt.

Nussbert, das Eichhörnchen, hatte eine Idee. „Vielleicht können wir den Wind bitten, stärker zu wehen." Sie riefen gemeinsam nach dem Wind, und zu ihrer Überraschung antwortete er mit einer sanften Brise.

Der Wind erzählte ihnen eine alte Geschichte über die Sterne und den Mond. Sie lauschten fasziniert und lernten die Geheimnisse des Nachthimmels kennen.

Dankbar für diese Weisheit und das wundervolle Abenteuer, fühlten sie sich noch enger verbunden. Mit dem Flüstern der Winde in ihren Träumen schliefen sie friedlich ein, bereit für neue Entdeckungen in den kommenden Nächten.

Die Leuchtkäfer-Parade

In einer lauen Sommernacht bereitete sich die Traumland-Bande auf die jährliche Leuchtkäfer-Parade vor. „Es wird ein glitzerndes Spektakel!", freute sich Sprungo, der Frosch.

Als die Parade begann, tanzten Hunderte von Leuchtkäfern im Mondschein. Aber bald bemerkten sie, dass einer der Leuchtkäfer nicht leuchten konnte. „Wir müssen ihm helfen", sagte Silviana, das Eulenmädchen.

Die Freunde sammelten sich um den kleinen Leuchtkäfer. Nussbert, das Eichhörnchen, bot ihm einige seiner glänzenden Steine an, und Samtia, das Schaf, sprach ihm sanft Mut zu. Flinka, die Füchsin, zauberte ein wenig funkelnden Staub auf ihn.

Langsam begann der Leuchtkäfer zu strahlen, heller als zuvor. Er flog in die Luft und führte die Parade an, ein Symbol der Hoffnung und Freundschaft.

Glücklich und stolz auf ihre gute Tat, genossen die Freunde das leuchtende Schauspiel. Sie hatten gelernt, dass ein wenig Hilfe und Mitgefühl große Freude bringen kann. Mit Herzen voller Licht schliefen sie ein, träumend von der Schönheit der Nacht.

Das Fest der Wunschsterne

In der Traumland-Bande herrschte große Vorfreude auf das Fest der Wunschsterne, eine Nacht, in der es hieß, dass Wünsche wahr werden. „Stellt euch nur vor, was wir uns alles wünschen können!", sagte Sprungo, der Frosch, begeistert.

Sie fanden einen perfekten Platz unter dem Sternenhimmel und bereiteten sich vor, ihre Wünsche zu äußern. Doch als die Zeit kam, bemerkte Samtia, das Schaf, dass Nussbert, das Eichhörnchen, traurig aussah. „Was ist los, Nussbert?", fragte sie.

„Ich weiß nicht, was ich mir wünschen soll", gestand Nussbert. „Es gibt so viele Möglichkeiten."

Die Freunde kamen zusammen, um Nussbert zu helfen. Sie sprachen über ihre Wünsche und Träume, und langsam begann Nussbert zu lächeln. „Ich wünsche mir, dass unsere Freundschaft für immer hält", sagte er schließlich.

Als sie ihre Wünsche aussprachen, erleuchteten die Sterne den Himmel, ein Zeichen, dass ihre Wünsche gehört wurden. Sie verbrachten die Nacht damit, die Schönheit des Himmels zu bewundern und über ihre Träume zu sprechen.

Diese besondere Nacht lehrte sie, dass das Teilen von Wünschen und Hoffnungen sie enger zusammenbrachte. Mit Herzen voller Freude und Hoffnung schliefen sie ein, getröstet von der Magie der Wunschsterne.

Die Schatzsuche im Traumsand

In der Traumland-Bande herrschte große Begeisterung, als sie von einem geheimnisvollen Schatz in einer Wüste aus funkelndem Traumsand erfuhren. „Stellt euch vor, welche Schätze wir finden könnten!", sagte Silviana, das Eulenmädchen, während sie eine alte, verblasste Schatzkarte entfaltete.

Gemeinsam machten sie sich auf den Weg. Als sie die Wüste erreichten, waren sie verzaubert von dem glitzernden Sand, der sich unter ihren Füßen erstreckte. Doch bald bemerkten sie, dass der Sand ihre Spuren verschwinden ließ und sie ihre Orientierung verloren. „Wir drehen uns im Kreis", seufzte Sprungo, der Frosch, besorgt.

Nussbert, das Eichhörnchen, hatte eine kluge Idee. „Lasst uns Steine als Wegmarken setzen, damit wir nicht denselben Pfad zweimal gehen." Sie sammelten Steine und begannen, einen Pfad zu markieren.

Schließlich, nach vielen Stunden, fanden sie den Ort, der auf der Karte markiert war. Dort entdeckten sie eine alte Truhe, die tief im Sand vergraben war. Mit vereinten Kräften hoben sie die Truhe heraus und öffneten sie vorsichtig.

Zum Erstaunen aller war die Truhe gefüllt mit leuchtenden Kristallen, die in allen Farben des Regenbogens schimmerten. „Wir haben den Schatz gefunden!", riefen sie aus.

Auf dem Rückweg, geleitet von ihren Steinmarkierungen, erkannten sie, wie wichtig es ist, zusammenzuarbeiten und einander zu vertrauen. Sie hatten nicht nur einen Schatz gefunden, sondern auch die Bedeutung wahrer Freundschaft und Zusammenarbeit erfahren.

Zurück in ihren Betten, träumten sie von ihrem Abenteuer im funkelnden Sand, bereichert um wertvolle Erinnerungen und das Wissen, dass sie gemeinsam jede Herausforderung meistern können.

Die Nacht der leuchtenden Brücke

In einer verzauberten Nacht entdeckte die Traumland-Bande eine leuchtende Brücke, die sich hoch über den Wolken erstreckte. „Sie führt zu einem magischen Ort", sagte Silviana, das Eulenmädchen, mit einem Funkeln in den Augen.

Voller Vorfreude begannen sie ihre Reise über die schillernde Brücke. Sie bestaunten die lebhaften Farben und das glitzernde Licht, das von ihr ausging. Doch als sie die Mitte erreichten, begann ein Abschnitt der Brücke zu verblassen und schließlich ganz zu verschwinden. "Oh nein, wie kommen wir jetzt weiter?", fragte Sprungo, der Frosch, besorgt.

Nussbert, das Eichhörnchen, hatte eine Eingebung. "Ich glaube, die Brücke reagiert auf unsere Gefühle. Lasst uns an etwas Fröhliches denken!" Langsam, während sie ihre glücklichsten Gedanken teilten, begannen die verschwundenen Teile der Brücke wieder aufzuleuchten und sich zu formen. Ermutigt durch diese Entdeckung, setzten sie ihren Weg fort, getragen von ihren positiven Emotionen.

Als sie das andere Ende der Brücke erreichten, fanden sie sich in einem wundersamen Garten wieder, der im Mondlicht glänzte. Hier wuchsen Blumen, die bei Nacht leuchteten, und Bäume, deren Blätter sanfte Melodien spielten.

Diese magische Nacht lehrte die Traumland-Bande eine wertvolle Lektion: dass Hoffnung und positive Gedanken selbst die schwierigsten Wege erleichtern können. Sie erkundeten den Garten, lachten und spielten, bis die ersten Strahlen der Morgensonne den Himmel erhellten.

Mit Herzen voller Freude und Dankbarkeit für das wunderbare Abenteuer und die neu gewonnene Erkenntnis schliefen sie ein, eingehüllt in die warmen Farben der leuchtenden Brücke, die in ihren Träumen widerhallten.

Das Rätsel der Schlummeruhr

In der Traumland-Bande herrschte Aufregung, als sie auf eine geheimnisvolle alte Uhr stießen, bekannt als die Schlummeruhr. Sie stand im Herzen des Traumlandes und zählte die Stunden bis zum Morgengrauen. „Sie hilft den Kindern, rechtzeitig aufzuwachen", erklärte Silviana, das Eulenmädchen.

Doch die Uhr war stehen geblieben. „Wenn sie nicht tickt, könnte die Nacht ewig dauern", sorgte sich Sprungo, der Frosch. Sie schauten die Uhr genau an und fanden rätselhafte Symbole und Hinweise darauf.

Mit vereinten Kräften versuchten sie, das Rätsel zu lösen. Nussbert, das Eichhörnchen, deutete auf die Sterne, die auf der Uhr abgebildet waren, und schlug vor, ihre Positionen am Himmel zu vergleichen. Samtia, das Schaf, bemerkte, dass die Symbole den Elementen der Natur entsprachen.

Stück für Stück setzten sie das Puzzle zusammen, und schließlich, als sie das letzte Rätsel lösten, begann die Uhr wieder zu ticken. Die Freunde jubelten, als die Zeiger sich bewegten und die Nacht ihrem Ende entgegensteuerte.

Diese Nacht lehrte sie, dass Zusammenarbeit, Geduld und das Kombinieren verschiedener Fähigkeiten zu großen Erfolgen führen können. Beruhigt durch das vertraute Ticken der Schlummeruhr und stolz auf ihre Leistung, schliefen sie ein, getröstet von der Gewissheit, dass die Nacht und der Tag im Einklang waren.

Der Schlafwandler im Traumland

In einer mondbeleuchteten Nacht in der Traumland-Bande, als alles ruhig und friedlich war, bemerkten sie plötzlich, dass Sprungo, der Frosch, aus ihrem gemeinsamen Lager verschwunden war. Als sie ihn suchten, fanden sie ihn schlafwandelnd und fröhlich durch das Traumland hüpfend.

„Wir müssen ihn sicher zurückbringen, ohne ihn zu wecken", flüsterte Silviana, das Eulenmädchen. Vorsichtig und leise folgten sie Sprungo auf seinem nächtlichen Spaziergang. Sie bemühten sich, ihn vor möglichen Hindernissen zu schützen, während er unbekümmert weiterhüpfte.

Ihre Verfolgung führte sie durch magische Wälder, über funkelnde Bäche und an geheimnisvollen Höhlen vorbei. Sprungo schien in seinem Traumland eine wunderbare Zeit zu haben, lächelte im Schlaf und murmelte ab und zu etwas Unverständliches.

Die Bande arbeitete zusammen, um sicherzustellen, dass Sprungo nicht stolperte oder sich verirrte. Nussbert, das Eichhörnchen, führte den Weg, während Samtia, das Schaf, vorsichtig Zweige und Steine aus Sprungos Pfad räumte. Flinka, die Füchsin, benutzte ihre Magie, um sanftes Licht zu erzeugen, das ihnen half, den Weg zu beleuchten.

Nach einer abenteuerlichen, aber vorsichtigen Verfolgungsjagd erreichten sie schließlich ihr Lager. Mit einer Mischung aus Geschick und Vorsicht führten sie Sprungo sanft zurück in sein Bett, wo er friedlich weiterschlief, als wäre nichts geschehen.

Diese Nacht lehrte die Traumland-Bande, dass sie in jeder Situation zusammenhalten und sich gegenseitig helfen müssen. Sie lernten auch, dass manchmal die besten und lustigsten Abenteuer in den Träumen ihrer Freunde stattfinden können. Mit einem Lächeln auf den Lippen und der Gewissheit, immer füreinander da zu sein, schliefen sie ein, umhüllt von der warmen und sicheren Atmosphäre ihres gemeinsamen Lagers im Traumland.

Die Abschiedsparty im Traumland

Als die Zeit kam, sich von ihren nächtlichen Abenteuern im Traumland zu verabschieden, planten die Freunde der Traumland-Bande eine große Abschiedsparty. „Lasst uns diese wunderbare Zeit feiern", sagte Silviana, das Eulenmädchen.

Während der Vorbereitungen bemerkten sie, dass einige ihrer Lieblingssachen verschwunden waren – Dekorationen und Leckereien für die Party. „Oh nein, was machen wir jetzt?", fragte Sprungo, der Frosch, besorgt.

Nussbert, das Eichhörnchen, schlug vor, mit dem zu arbeiten, was sie hatten. Sie nutzten ihre Kreativität und erschufen aus natürlichen Materialien wie Blättern, Blumen und funkelnden Steinen eine wundervolle Dekoration.

Die Party war ein großer Erfolg, ein wunderschöner Abschluss ihrer Abenteuer. Sie lernten, dass es nicht auf das Material ankommt, sondern auf die Freude und Liebe, die in jede Handlung gelegt wird. Mit vollen Herzen und glücklichen Erinnerungen schliefen sie ein, bereit für neue Träume und Abenteuer, die vor ihnen lagen.

Bibliografische Informationen der Deutschen Nationalbibliothek:

Die Deutsche Nationalbibliothek verzeichnet diese Publikation in der Deutschen Nationalbibliografie; detaillierte bibliografische Daten sind im Internet über http://dnb.dnb.de abrufbar.

Deutschsprachige Erstausgabe November 2023

1. Auflage

ISBN:978-3-942526-32-6

Autor Isabella Frühauf

Copyright © 2023 Herausgeber Marco J. O. Hackl

Luminare Verlag/ Verleger Marco J. O. Hackl
Bockenheimer Landstr. 17-19
60325 Frankfurt am Main
www.luminare-verlag.de
info@luminare-verlag.de

Printed in Poland
by Amazon Fulfillment
Poland Sp. z o.o., Wrocław

30801869R00025